GUIDES SPIRITUELS

GUIDE DU DÉBUTANT POUR COMMUNIQUER AVEC LES GUIDES SPIRITUELS ET LES ANGES GARDIENS

TAYLOR TURNER

CONTENTS

INTRODUCTION

Avez-vous parfois l'impression de mener une bataille perdue d'avance contre la vie et d'être complètement seul ? Ce genre de sentiment peut être destructeur et nuisible. Et si vous saviez que l'univers et le monde spirituel disposent d'une équipe de guides prêts à vous aider, à vous guider et à vous protéger dès votre naissance ? Même si vous ne vous sentez pas particulièrement spirituel ou en phase avec l'univers, ils sont là, attendant que vous leur tendiez la main et receviez leurs messages.

Peut-être avez-vous déjà été béni par un message spirituel. Des communications apparemment normales sont souvent envoyées pour vous donner un coup de pouce dans la bonne direction. Avez-vous déjà fait l'expérience d'une "coïncidence" qui s'est produite au bon moment ?

Dans ce livre, nous verrons qui sont ces membres de votre équipe spirituelle, pourquoi ils sont là et comment vous pouvez commencer à communiquer avec eux. Les esprits ne se soucient pas de vos croyances religieuses ; ils sont simplement là pour vous. Lorsque vous saurez comment interpréter leurs signes, leur demander de l'aide et communiquer ouvertement avec eux, vous pourrez les utiliser au maximum de leur potentiel pour améliorer votre séjour sur Terre.

CHAPITRE 1 : QU'EST-CE QU'UN GUIDE SPIRITUEL ?

L'existence des guides spirituels ne peut pas être rejetée d'emblée, car, en vérité, tout le monde a vécu une expérience au cours de laquelle des forces extérieures l'ont influencé. La différence est que les croyants reconnaîtront que les esprits et l'univers envoient des signaux et des messages, tandis que les non-croyants considéreront ces expériences comme des coïncidences et des événements naturels de la vie.

Si vous croyez aux guides spirituels, vous reconnaissez qu'ils font partie de l'expérience humaine commune. Ils n'apparaissent pas seulement aux personnes qui y croient ; ce sont des forces qui existent uniquement pour favoriser la croissance spirituelle et nous guider sur le chemin de la clarté, de la joie et de la paix intérieure. Ainsi, même si l'idée que les guides spirituels sont des êtres tangibles ne correspond pas à vos croyances, vous devez au moins reconnaître qu'il existe des formes archétypales d'énergie qui régissent notre façon de vivre.

Dans les enseignements spirituels occidentaux, de nombreuses formes de guides spirituels forment une équipe de mentors qui protègent les humains incarnés et leur apportent les connaissances et le soutien dont ils ont besoin. Le terme "guide spirituel" est un terme général qui recouvre de nombreuses formes de protecteurs, y compris les exemples énumérés ci-dessous. Cette liste n'est pas exhaustive, car certaines personnes trouvent que leurs liens sont uniques et n'entrent pas dans des groupes réguliers.

Qui fait partie de votre équipe ?

Tout d'abord, vous aurez un guide principal, également connu sous le nom d'ange gardien, qui vous est assigné avant votre naissance. Nous aborderons les anges gardiens plus en détail plus loin dans ce livre, mais pour l'instant, nous appellerons ce guide majeur votre "guide de vie", et nous commencerons par lui.

- **Guide de vie :** Ces gardiens vous accompagnent depuis votre naissance jusqu'à votre mort et au-delà. Ils t'ont choisi parce qu'ils reconnaissent que ton esprit est en résonance avec le leur. Ce sont les seuls esprits qui ne te quittent jamais.

Une fois que vous vous serez connecté à votre guide de vie, vous aurez une idée de son individualité. Vous aurez un nom que vous pourrez utiliser pour l'appeler et vous aurez une idée générale de son apparence et de ses antécédents en tant qu'esprit. Il se connectera à vous chaque fois que vous en aurez besoin et jouera le rôle de chaperon pour le reste de votre équipe spirituelle. Les guides de vie sont comme des chefs de bureau qui sont formés pour réduire le chaos.

- **Les guides temporels divins :** Ce sont les gardiens du temps dans le monde spirituel. Ils ont un plan pour votre vie et vous donneront des coups de pouce lorsque vous devrez emprunter certains chemins. Ils travaillent toujours pour que votre vie se déroule sans heurts, mais cela ne signifie pas nécessairement que vous obtiendrez tout ce que vous voulez.

Si vous recevez des messages par le biais de nombres et de synchronicités, ce sont les esprits qui les ont envoyés. Assurez-vous de comprendre la pertinence et le symbolisme des nombres afin de pouvoir interpréter leurs messages.

- Les guides guerriers : Ce sont des êtres incroyablement éclairés qui sont là pour vous protéger contre toutes les formes d'attaques. Il peut s'agir d'attaques spirituelles, physiques ou mentales, mais nous nous concentrerons principalement sur les questions psychiques. Ces guides sont responsables de ce sentiment troublant qui vous envahit lorsque vous sentez que quelque chose ne va pas.

- Guides créatifs : Ces esprits sont responsables des questions créatives. Ils apprendront à votre âme à apprécier les compétences et les capacités que vous possédez et à les utiliser à bon escient. Même l'âme la moins créative bénéficiera de ces guides. Ils vous donneront d'autres solutions créatives à tous vos dilemmes.

- Gardiens : Il s'agit de votre garde du corps secondaire qui travaille en étroite collaboration avec vos guerriers protecteurs. Ils détiennent vos archives akashiques, un enregistrement psychique de toutes les pensées et de tous les événements qui se sont produits dans votre passé, votre présent et votre futur. Cela leur permet de vous protéger contre toutes les énergies négatives qui menacent d'envahir votre vie. Votre esprit gardien est comme un portier de luxe dans un club exclusif avec une liste. Il ne permet l'accès qu'aux formes d'énergie supérieures et bloque toute négativité.

- Des êtres de lumière : Il arrive à tout le monde de désespérer. La mort d'un être cher ou des événements traumatisants nous arrivent à tous. Les êtres de lumière seront là pour vous remonter le moral et vous aider à traverser l'obscurité. On les appelle des êtres de lumière parce qu'ils apportent littéralement de la lumière dans votre vie.

- **Mi-homme mi-bête :** Également appelés trans-espèces, ces esprits ont embrassé des qualités humaines et animales. De nombreuses divinités ont une telle forme, notamment Anubis, le dieu à tête de chacal de l'Égypte ancienne. Les sirènes, les harpies et les centaures sont d'autres formes de trans-espèces. Les esprits prennent cette forme pour paraître magiques et moins menaçants aux yeux des personnes qui hésitent à s'aventurer dans le monde des esprits.

- **Guides d'ancêtres :** Lorsque des membres de votre famille décèdent, ils ont la possibilité de vous servir de guide. Ils auront également leurs propres guides ancestraux qui se joindront à votre équipe spirituelle, même si des générations vous séparent. Si vous êtes en contact avec un esprit qui vous semble familier, il peut s'agir d'un lien ancestral. Si vous ressentez une connexion avec ce type d'esprit, essayez de faire des recherches dans votre arbre généalogique pour découvrir de qui il peut s'agir et quelles sont ses qualités.

- **Les maîtres ascensionnés :** Il s'agit d'êtres supérieurs qui ont vécu des vies fructueuses et atteint des niveaux spirituels plus élevés. Ils ont vécu leur propre éveil spirituel et ont transcendé le cycle de la réincarnation et de la croissance spirituelle. Ils ont maintenant un rôle différent à jouer. Les maîtres ascensionnés s'efforceront d'aider toute l'humanité chaque fois qu'elle sera confrontée à des blocages karmiques ou qu'elle aura besoin de la sagesse et des conseils de ces maîtres ultimes.

Maîtres Ascensionnés populaires sur lesquels vous pouvez compter

1. **Amitabha :** L'ultime symbole bouddhiste de l'amour. Il vit au paradis

mais n'est jamais trop occupé pour apporter son essence d'amour dans votre monde spirituel.

2. **Jésus-Christ :** Fils de Dieu, Jésus est l'incarnation de la sagesse et de l'amour inconditionnel. Son passage sur Terre lui a permis de mieux comprendre la psyché humaine et le fonctionnement des hommes et des femmes. Faites appel à lui pour des énergies de dévotion et de pardon lorsque vous en avez besoin.

3. **Krishna :** Cette divinité hindoue est le dieu de la compassion et de la tendresse. Il vous viendra en aide lorsque votre esprit est malmené et brisé pour vous apporter un baume psychique. Son nom est associé à la couleur bleue, et l'apparition de cette teinte signalera que Krishna vous rend visite ou vous envoie un message.

4. **Kuthumi :** En tant que maître de la sagesse ancienne, il veille au développement de l'humanité. Faites appel à lui pour vous conseiller sur la manière d'atteindre des objectifs spirituels plus élevés.

5. **Saint François d'Assise :** Si vous avez une affinité particulière avec les animaux, vous trouverez un lien avec ce maître ascensionné. Il est une forte représentation spirituelle du monde naturel et de l'aide à l'environnement.

6. **Guides de guérison :** Ces esprits vous viennent en aide lorsque vous avez besoin de guérir. Cela vaut pour les traumatismes physiques comme pour les traumatismes spirituels. Ils ont été des guérisseurs efficaces au cours de leur séjour sur Terre et de leurs différentes incarnations. Pensez-y comme à un appel à une carrière particulière ; guérisseur un jour, guérisseur toujours. Dans le passé, ils ont pu être des guérisseurs chamaniques, des maîtres reiki ou des professionnels de la guérison traditionnelle.

7. **Dragons :** vous faites appel à cette force ultime de la nature lorsque vous avez besoin d'une force primordiale. Le dragon est le maître de la terre, de l'air et du feu, et il fait jouer tous ces éléments. Il vous vient en aide lorsque vous avez besoin de changer. Cela peut signifier que vous avez besoin de son aide pour vous débarrasser d'éléments de votre vie, ou cela peut être aussi simple qu'un changement de carrière.

8. **Dieux et déesses :** Les divinités ne sont jamais trop occupées ou trop distantes pour aider les humains. Choisissez la divinité qui possède les forces dont vous avez besoin et demandez à son esprit d'entrer dans votre vie.

Quelques-uns des guides spirituels les plus puissants qui sont des divinités

1) Thor : Le dieu du tonnerre par excellence, Thor est un esprit juste qui chevauche les tempêtes sur un char tiré par des chèvres. Si vous voulez le sentir, son pouvoir se trouve sous un chêne pendant un orage d'été et regarde vers les cieux. Vous verrez Thor et son puissant marteau frapper d'effroi le cœur de ses ennemis. Demandez-lui sa force et son pouvoir dans les moments difficiles.

2) Sol : La déesse nordique du soleil est un esprit qui apporte de la lumière à votre vie. Sa légende veut qu'elle chevauche un char d'or dans le ciel, poursuivie par des loups. Sa force et sa lumière répareront même les âmes les plus blessées.

3) Brigid : Cette déesse celtique a trois représentations qui font appel aux énergies féminines. Elle est à la fois une mère, une jeune fille et une bique, ce qui permet aux femmes de tous âges de se l'approprier. Elle a une nature ardente et vous donnera de l'inspiration et de l'espoir.

4) Ostara : Déesse du printemps et des nouveaux départs. Lorsque vous êtes prêt à entamer votre prochaine étape de développement spirituel, elle vous guidera et vous protégera. Elle est également la déesse de la fertilité, alors appelez-la à l'aide lorsque vous avez besoin d'abondance dans votre vie.

5) Bran le bienheureux : Les paganismes anglais et gallois racontent l'histoire de Bran et de sa grande force. Bran incarne l'esprit de force et l'absence de peur. Il était également un scribe historique qui a consigné les événements de son époque. Il est représenté par le corbeau et apparaîtra sous cette forme si vous avez besoin de son aide pour apporter de la diplomatie aux disputes.

6) Hermès Trismégiste : Cet esprit est l'un des plus puissants pour apporter la connaissance à votre monde. Il a vu le jour en Grèce, et ses disciples ont cru en ses doctrines ; ils ont fait de lui un Dieu. Il s'est ensuite rendu en Égypte pour y enseigner ses principes, et les Égyptiens ont également fait de lui un Dieu. À son retour en Grèce, il a été déclaré trois fois Dieu. Faites appel à lui pour découvrir les moyens de vous interconnecter avec vos semblables sur tous les plans. Il vous guidera vers une vie plus épanouie et des liens plus étroits avec vos semblables.

7) Freya : Également connue sous le nom de Frigg ou Freyja, cette déesse nordique vous apportera amour, beauté et fertilité. Elle est la gardienne des âmes des guerriers qui entrent au Valhalla pour la dernière fois. On dit qu'une fois que Freya a récupéré l'âme d'un guerrier, son séjour sur Terre est terminé. Il est destiné à résider dans les salles des dieux et à jouir du paradis éternel. Freya vous viendra en aide si vous êtes prêt à embrasser une vie différente et à ressentir la paix.

8) Tyr : Le dieu de la guerre est prêt à intervenir lorsque tout le reste a échoué. Si vous avez essayé de régler vos différends par la diplomatie et le tact et que cela n'a pas fonctionné, faites appel à la force de Tyr. C'est un esprit qui vous aidera à défendre ce qui est juste et à vaincre ceux qui essaient de vous arrêter. Il a sacrifié son bras droit au loup Fenrir en signe de bonne foi pour mettre fin à la tyrannie dans sa vie physique. Considère Tyr comme ton juriste spirituel divin. Il se battra pour la justice et sera ton défenseur et ton guerrier.

9) Athéna : La déesse grecque de la sagesse est disponible lorsque vous avez besoin de protection et de conseils. Elle est l'incarnation de l'urbanisation et des civilisations, elle apportera donc l'ordre lorsqu'il sera nécessaire.

10) L'homme vert : Figure légendaire des religions celtiques, il est généralement représenté dans des statues comme un symbole de renaissance et de printemps. Ses adorateurs croient qu'il est l'image qui représente la nature et qu'il peut vous aider à vous reconnecter à vos racines.

CHAPITRE 2 : COMMENT SE CONNECTER AU MONDE DES ESPRITS

Croyez-vous que nous sommes tous médiums et capables d'établir des connexions à un niveau supérieur ? Si ce n'est pas le cas, cela peut vous empêcher d'entrer en contact avec vos guides psychiques. Considérez le fait suivant : nous sommes tous capables de jouer de la guitare si on nous l'apprend, mais très peu d'entre nous seront jamais aussi bons que Jimmy Hendrix ! C'est un fait. Mais nous pouvons tous apprendre et nous entraîner pour devenir meilleurs. Il en va de même pour les capacités psychiques. Le plus grand défi auquel vous êtes confronté est de surmonter la croyance que vous n'êtes pas médium.

Maintenant que la première étape est franchie, il est temps de commencer à grandir spirituellement et d'explorer les cadeaux que tes guides attendent de t'envoyer.

Étape 1 : Définir ses intentions

Vous rencontrerez cette étape à de multiples reprises au cours de votre voyage, et ce parce qu'elle est au cœur des interactions réussies entre vous et vos guides. Ils ne peuvent pas vous aider s'ils ne savent pas ce que vous voulez. Bien que vos esprits gardiens aient accès à vos pensées, ils respectent également votre vie privée. Vous devez demander avant d'obtenir.

Votre plan divin peut être aussi simple ou aussi compliqué que vous le souhaitez. Dressez une liste de ce que vous attendez de vos guides. Avez-vous besoin de protection ou de conseils pour vous aider à faire face aux forces négatives ? Manquez-vous de confiance en vous pour entreprendre de nouveaux projets ou changer de carrière ? Énoncez vos rêves, vos désirs et vos pensées les plus folles à côté de vos besoins et de vos espoirs plus concrets. Les esprits ne jugent pas et ont déjà tout vu ; ils reconnaîtront votre volonté de vous connecter dès que vous commencerez à leur demander de l'aide.

Étape 2 : Lâchez votre esprit pratique

Saviez-vous que le côté gauche de votre cerveau est dédié aux activités pratiques, logiques et analytiques ? Lorsque vous souhaitez devenir plus ouvert d'esprit, il est utile de dire au revoir au côté gauche de votre cerveau. N'oubliez pas de lui dire que vous ne l'abandonnez pas et que vous vous retrouverez bientôt. Ce type de conversation est l'une des premières étapes pour changer votre façon de penser. Les moins ouverts d'esprit ne songeraient pas à avoir une conversation avec leur cerveau !

Étape 3 : Méditer

Des techniques de méditation simples permettent de ralentir vos vibrations et d'ouvrir vos canaux physiques. Lorsque les esprits se connectent, vous devez être au meilleur endroit pour les écouter. Vos premières communications peuvent être faibles et difficiles à comprendre, vous devez donc vous concentrer.

Voici quelques moyens simples de calmer votre esprit, d'entretenir votre paix intérieure et d'augmenter votre niveau d'énergie :

Méditation de l'attention concentrée

Choisissez un objet fixe et concentrez tous vos sens sur lui. Quel est son aspect, fait-il du bruit, a-t-il une odeur ? Sentez l'objet en fermant les yeux afin d'en percevoir les contours et les lignes. Faites abstraction de toute autre interruption sensuelle et ne faites plus qu'un avec l'objet que vous avez choisi. Maintenez ce sentiment pendant deux minutes, et votre esprit deviendra une toile vierge que les esprits pourront utiliser.

Méditation sur la respiration en pleine conscience

Il s'agit d'une technique qui nécessite un temps et un lieu précis pour être efficace. Choisissez un endroit calme, sans distraction, et installez-vous confortablement. Asseyez-vous bien droit, la colonne vertébrale alignée sans être rigide. Respirez profondément par le nez et retenez votre souffle pendant que vous détendez vos épaules et vos bras.

Prenez maintenant conscience du moment présent. Vous êtes dans un endroit calme, avec une pose détendue, et le moment vous appartient. Personne d'autre n'est important et personne d'autre ne vous interrompra. Votre esprit est clair et vos sens sont à l'écoute de votre environnement.

Expirez maintenant par la bouche. Lorsque votre souffle est relâché, imaginez qu'il emporte avec lui toute la négativité. Laissez partir toute culpabilité ou tout regret que vous avez pu ressentir. Le ressentiment et la colère s'éloigneront de vous dans un souffle.

Répétez le processus et, lorsque vous inspirez, imaginez que votre corps se remplit d'amour et d'acceptation. Tu es dans une position idéale pour recevoir les messages que les esprits vont t'envoyer sur la façon de réaliser tes intentions et d'améliorer ta vie.

Méditation de l'amour bienveillant

Cette technique, également connue sous le nom de Metta, a été enseignée par Bouddha il y a plus de 2 600 ans. Les mantras sont utilisés pour apporter de l'amour et du bonheur à soi-même et aux autres. Ce type de méditation est idéal pour les débutants qui souhaitent se préparer à une expérience plus spirituelle.

Choisissez un espace tranquille, calme et confortable. Asseyez-vous sans bouger, la colonne vertébrale alignée et les bras au repos. Respirez profondément et imaginez la personne à qui vous envoyez de l'amour.

Destinataires suggérés pour les mantras de Metta

- Vous-même

- Toute personne qui vous a témoigné de la gentillesse ou de l'amour

- Vos amis

- Membres de la famille

- Des personnes aléatoires que vous connaissez et pour lesquelles vous n'avez aucune émotion personnelle

- Quelqu'un avec qui vous vous êtes disputé ou que vous détestez activement

- Tous les êtres vivants

Mantras proposés

- Qu'ils soient remplis d'amour et d'énergie

- Qu'ils soient toujours en bonne santé et qu'ils apprennent à guérir

- Apportez-leur la paix et la sérénité

- Qu'ils soient libérés de la douleur émotionnelle et physique

- Qu'ils soient libérés de la souffrance et du chagrin

En imaginant le destinataire de votre amour, chantez vos mantras et imaginez que votre cœur s'ouvre. Imaginez que l'amour et la positivité s'écoulent de votre poitrine vers la personne sur laquelle vous vous concentrez. Imaginez que la positivité grandit en transcendant chaque être et en devenant une boule de lumière qui finira par englober le monde entier.

Étape 4 : Créer une salle de presse spirituelle

Maintenant que votre esprit est prêt à communiquer, vous devez créer un support pour les messages de vos guides. Il s'agit de votre réceptacle de visualisation et la création d'un cinéma dans votre esprit est le meilleur moyen d'encourager tous les types de messages. Imaginez un immense écran de cinéma dans votre esprit et un cordon qui le relie au centre de l'univers. C'est votre cordon de mise à la terre et il vous donne le sentiment d'être connecté à la Terre.

Maintenant, donnez à votre écran des haut-parleurs qui sont câblés pour le son. Installez-les et montez le volume pour recevoir les messages audio des guides. Une fois assis devant votre écran, posez vos questions et attendez les réponses. N'exigez jamais, demandez simplement.

Laissez vos réponses venir naturellement, puis interprétez-les. L'écran est-il rempli de lumière ? Entendez-vous quelque chose ? Rappelez-vous que les symboles et les messages que vous recevrez proviennent d'un lieu de vérité. Les esprits ne chercheront jamais à vous induire en erreur, car ils n'ont que de bonnes intentions à votre égard.

Étape 5 : Rédaction libre

Cette technique est souvent utilisée par les écrivains en proie au syndrome de la page blanche, mais elle est également très utile pour éliminer les blocages spirituels. Prenez un stylo et du papier et commencez à écrire des déclarations spécifiques pour remercier vos guides de leur aide.

"Merci, mon équipe spirituelle, pour tout ce que vous faites pour moi et pour les conseils que vous me donnez dans la vie. Je reconnais votre compassion spirituelle et votre amour, et je vous invite à vous joindre à moi dans ce journal. Je vous invite à écrire avec moi et à partager vos énergies en guidant ma main et en créant une correspondance."

Utilisez votre stylo et créez ce que votre esprit ou votre énergie vous dicte. Explorez des sujets et des expériences avec des mots, des images ou des symboles aléatoires. Ne modifiez pas votre travail ; continuez simplement. Assurez-vous d'avoir beaucoup de papier, car vous devez tirer le meilleur parti de vos connexions spirituelles libérées. Amusez-vous et laissez libre cours à votre enfant intérieur. Veillez à suivre le courant et à ne jamais vous remettre en question.

Se connecter aux esprits par le biais des rêves

Bien qu'il s'agisse là de quelques-uns des moyens les plus populaires pour entrer en contact avec vos guides, la technique la plus efficace est, de loin, celle des rêves. Il faut se rendre à l'évidence. Il est extrêmement rare que votre esprit se consacre entièrement à une seule tâche au cours de la journée. Les questions familiales, les problèmes professionnels et les liens affectifs rivalisent pour attirer votre attention, si bien qu'il peut être difficile de faire le vide dans votre esprit.

Cependant, lorsque vous dormez, votre esprit devient plus détendu et plus réceptif. Lorsque vous entrez dans le monde du sommeil, les esprits reconnaissent que vous êtes plus réceptif à leurs messages. Ils vous enverront des indications claires dans votre rêve et des signaux qui vous parleront. La signification des images et des sensations varie d'un individu à l'autre, mais certaines images récurrentes ont des interprétations spirituelles communes.

Les significations de base énumérées ci-dessous vous aideront à comprendre ce que les esprits vous disent, et vous pourrez ensuite les appliquer à votre situation et à vos besoins particuliers :

- **Voler :** C'est de loin le type de rêve le plus courant. Lorsque vous rêvez de vous élever dans le ciel sans être à bord d'un avion, cela indique de la positivité. Les guides vous félicitent pour votre créativité et votre maturité spirituelle. Les rêves de ce type sont une tape spirituelle dans le dos et indiquent que vous êtes sur le bon chemin.

- **Plages :** Vous arrive-t-il de rêver que vous êtes sur une plage de sable avec les vagues qui clapotent sur vos orteils ? C'est un signe positif que tu es connecté à ton équipe spirituelle car c'est une représentation de l'endroit entre le ciel et la terre. Les plages qui semblent trop idylliques pour être réelles sont un signe qu'ils vous entendent et vous envoient d'autres signes pour vous aider à naviguer dans votre vie.

- L'école ou les tests : Lorsque vous rêvez que vous passez un examen ou que vous suivez des cours, les esprits vous disent qu'il est temps d'élargir vos connaissances. Cela signifie que vous devriez suivre des cours pour vous aider à progresser au travail et dans votre vie personnelle. Ce type de rêve signifie que vous êtes prêt à passer à un niveau supérieur de maturité spirituelle. Notez la classe dans laquelle vous vous trouvez pendant votre rêve, car cela vous donnera une indication de votre situation actuelle.

- Les dents tombent ou se détachent : Dans la vie naturelle, nos dents mâchent notre nourriture et la rendent plus facile à digérer. En termes spirituels, les problèmes de dents indiquent des problèmes de digestion des informations. Les esprits vous disent de chercher une direction ou un conseil dans votre monde physique.

- Être enceinte ou accoucher : Les hommes comme les femmes peuvent faire ce type de rêve. Ils sont le symbole de la renaissance et du dépassement du passé. Il peut s'agir d'un nouveau travail, d'une relation naissante ou d'un signe d'inventivité. L'accouchement est l'un des messages les plus symboliques que vous recevrez.

- Trajets en voiture : La première chose à noter est l'endroit où vous êtes assis pendant le trajet. Êtes-vous le conducteur ou le passager ? La conduite est un symbole de leadership et d'autorité et indique que vous êtes fermement en charge. Votre destination est clairement définie et le voyage est en bonne voie. Le fait d'être passager indique plutôt que vous êtes heureux d'être dirigé par d'autres. Si vous ne vous sentez pas à l'aise sur le siège du passager, cela indique que vous devez vous affirmer davantage et prendre les devants.

- Chute : Lorsque vous rêvez que vous tombez sans soutien, c'est un signal pour vous ressaisir. Vous êtes dans une spirale incontrôlable et vous avez besoin de paix dans votre vie. Ce type de rêve se répète souvent nuit après nuit jusqu'à ce que vous retrouviez la paix dont vous avez besoin.

- **Paralysie :** Si vous rêvez que vous êtes bloqué dans un endroit et incapable d'avancer, c'est le signe que des forces obscures vous affectent. Si vous ne pouvez pas appeler ou parler et que le monde vous échappe, c'est le signe que vous êtes coincé dans une ornière. Vous devez aller de l'avant et réaliser vos rêves les plus fous. La résistance n'est pas toujours une mauvaise chose, c'est juste un obstacle de plus qui te pousse à travailler plus dur.

- **Le temps :** Des conditions météorologiques différentes sont un signe clair des esprits. Rêver de pluie et d'orages signifie que vous êtes sur le point de recevoir un flot de messages de la part de vos guides. Ils sentent que vous êtes prêt à les recevoir et que vous êtes ouvert à leurs communications. Le beau temps, comme le soleil, un ciel radieux et une brise légère, signifie qu'ils sont déjà avec vous.

- **Être nu en public :** Rêver de sa nudité en public est relativement fréquent. Lorsque ces rêves se produisent, les esprits vous disent que vos défauts menacent de prendre le contrôle de votre vie. Vous n'êtes pas sincère dans vos relations, et il est temps d'examiner votre moi authentique et de libérer un côté plus authentique de votre personnalité.

- **Poursuivi :** Lorsque vous êtes poursuivi, il est important de noter qui est à l'origine de la poursuite. Si la personne n'est pas identifiée, cela indique la présence d'un traumatisme passé et d'une expérience d'enfance. Les esprits vous disent de vous faire aider pour surmonter ces influences et aller de l'avant. Si la personne qui vous poursuit est du sexe opposé, cela signifie que vous êtes retenu par une ancienne relation ou que vous êtes réticent à laisser entrer d'autres personnes dans votre vie. Le fait d'être poursuivi par un animal indique que vous vous méfiez trop de vos émotions. Il est temps d'embrasser vos passions et vos peurs.

- **Rêves de mort :** Ce type de rêve peut être incroyablement déconcertant car nous pensons rarement à notre propre mortalité et à notre mort. Si vous rêvez de la mort d'un être cher qui est décédé, il s'agit d'une communication directe de son esprit pour vous dire qu'il est heureux et en paix dans le monde des esprits. Si la mort est moins précise, cela signifie que vous avez peur du changement.

Certaines études ont montré que des rêves vifs avec des détails et des significations significatifs se produisent lorsque les gens arrivent à la fin de leur vie. Les esprits utilisent les rêves pour les réconforter et les préparer à leur voyage. Les rêves peuvent être un signe de changement et doivent être étudiés avec le plus de détails possible.

Un journal des rêves vous aidera à analyser ces signes et messages du monde des esprits. Lorsque vous vous réveillez, notez les détails de vos rêves avec le plus de précisions possible.

- Qui était dans vos rêves et que faisaient-ils ?

- À quelle période de l'année était-ce, et quel temps faisait-il ?

- Qu'avez-vous ressenti dans votre rêve ?

- Quel âge aviez-vous dans ce rêve ?

- L'expérience visuelle était-elle accompagnée d'un son ?

- Avez-vous eu l'impression que cela se passait vraiment, ou saviez-vous que c'était un rêve ?

Plus vous aurez de détails, plus vos messages seront pertinents. N'oubliez pas que vous vous améliorerez avec la pratique et que vos rêves deviendront plus clairs au fur et à mesure que vous les interpréterez mieux. Vous pouvez consulter un expert en rêves et apprendre les significations qu'il attribue à vos messages nocturnes afin d'élargir votre champ de connaissances.

CHAPITRE 3 :
COMMENT RESTER EN SÉCURITÉ PENDANT LES COMMUNICATIONS SPIRITUELLES

Depuis des décennies, les médias populaires et d'autres formes de divertissement s'intéressent au paranormal et à la possibilité d'atteindre l'autre côté. Cependant, le concept de communication avec le plan astral remonte à plus loin que l'invention des films et de la télévision. Depuis des siècles, les gens tentent d'entrer en contact avec "l'autre côté" et ont donc développé des moyens efficaces pour se protéger des énergies négatives.

Lorsque vous envisagez de vous protéger avant de tendre la main, il est important de comprendre contre quoi vous vous protégez. Existe-t-il des esprits malins ? Bien sûr qu'il y en a. Après tout, le monde des esprits ne juge pas qui entre dans son royaume. Même les esprits dont l'énergie est plus faible et l'éveil spirituel moins développé jouent un rôle. Ils sont nécessaires pour guider ceux qui en ont besoin parce qu'ils suivent le même chemin que les esprits dans la vie.

Les personnes qui ne sont pas prêtes à abandonner leur mode de vie plus salubre ont toujours besoin de conseils spirituels, et les esprits moins énergiques rempliront ce rôle. Cependant, en tant qu'âme plus éclairée, vous ne voulez pas qu'ils apportent leurs ondes négatives dans votre monde, et vous avez donc besoin de protection.

Les meilleures techniques pour se protéger des énergies négatives

Vous devez vous préparer avant de commencer à attirer vos guides spirituels. L'expérience peut être accablante si vous n'êtes pas entièrement préparé. La mise à la terre, le centrage et le blindage sont trois des moyens les plus efficaces pour s'assurer de recevoir uniquement l'amour et la force de votre groupe d'esprits.

Centrage

Les différentes croyances et traditions spirituelles ont des définitions différentes du centrage, et vous devez donc trouver la meilleure technique pour vous-même. Les principes de base sont les mêmes dans tous les enseignements, alors utilisez-les pour créer votre propre rituel qui couvre les domaines dont vous avez besoin.

Étape 1) Créez un espace de tranquillité. À la maison, éteignez tous vos appareils électriques et fermez les portes à clé. Si vous êtes à l'extérieur, assurez-vous que les seules interruptions proviennent de la brise et du balancement des arbres.

Étape 2) Choisissez une position assise confortable. Vous pouvez vous allonger, mais certaines personnes trouvent qu'elles s'endorment plus facilement lorsqu'elles sont allongées sur le dos.

Étape 3) Respirez profondément et détendez-vous. Concentrez-vous sur votre respiration et utilisez un chant pour réguler votre souffle.

Étape 4) Visualiser l'énergie. Une fois votre respiration régulée, il est temps de créer un champ d'énergie. Frottez vos paumes l'une contre l'autre comme si vous vouliez vous réchauffer les mains, puis écartez-les légèrement. Vous sentirez un picotement qui crépite entre vos paumes.

Étape 5) Il est maintenant temps d'élargir vos pensées. Imaginez que ce champ d'énergie fait le tour de votre corps. Sentez-le se dilater et se contracter à mesure qu'il tourbillonne autour de vous. Imaginez maintenant qu'il s'agit d'une boule d'énergie qui peut voyager entre vos mains et la lancer d'une main à l'autre.

Une fois que vous aurez maîtrisé cette technique, vous pourrez l'utiliser où que vous soyez. Coincé dans un bus ou dans une réunion ennuyeuse ? Utilisez cette technique pour vous recentrer et vous redonner de l'énergie.

Mise à la terre

Lorsque vous entrez en contact avec des esprits, vous vous trouvez face à des niveaux d'énergie que vous rencontrez rarement sur terre. Il est simple, mais essentiel, de se préparer à ces rencontres. La mise à la terre est un processus par lequel vous apprenez à débarrasser votre corps de l'excès d'énergie en toute sécurité et de manière contrôlée. Le centrage consiste à créer de l'énergie, tandis que la mise à la terre consiste à la dissiper.

Vous devez maîtriser la façon de vous débarrasser de l'énergie indésirable sans la projeter sur les autres. Après un rituel ou une connexion spirituelle, vous vous sentirez souvent agité et déséquilibré par rapport au monde physique. C'est parce que vous avez amplifié vos énergies et qu'elles interfèrent avec vos sens.

La mise à la terre est assez simple et ne nécessite que quelques séances d'entraînement. Fermez les yeux et concentrez-vous sur l'énergie accumulée dans votre plexus solaire. Imaginez qu'il s'agit d'une boule de feu et de lumière, et poussez-la dans vos mains. Imaginez maintenant que vous secouez vos mains et que l'énergie quitte votre corps et se répand dans le sol. Choisissez un objet ou un récipient pour contenir votre énergie et la garder en sécurité. Essayez de placer un seau de sable en colère devant votre porte lorsque vous ressentez le besoin de vous débarrasser de votre excès d'énergie, projetez-la dans votre seau et gardez-la à l'écart de votre maison.

Une autre méthode consiste à faire descendre l'énergie dans les jambes et dans les pieds. Imaginez un bouchon amovible à la plante de vos pieds que vous pouvez tirer pour laisser l'énergie s'écouler. Celle-ci s'écoulera dans le sol, où elle sera absorbée par la nature. Certaines personnes trouvent utile de sauter de haut en bas pour se débarrasser du dernier morceau d'énergie résiduelle.

Les deux techniques de mise à la terre bénéficieront d'un encouragement oral. Le fait de crier quelque chose comme "Adieu, énergies gênantes" aidera à terminer l'exercice avec vigueur. Bien entendu, vous pouvez créer vos propres encouragements pour libérer ces énergies refoulées.

Bouclier spirituel

Le blindage est un terme populaire utilisé pour couvrir les formes de protection dans le monde métaphysique, et il comprend de nombreuses méthodes différentes. Vous pouvez utiliser autant de techniques de protection que vous le souhaitez. Votre protection est primordiale et il est essentiel d'éloigner les énergies négatives.

- Créer un champ d'énergie

Lorsque vous expulsez de l'énergie au cours d'une séance de mise à la terre, vous pouvez l'utiliser différemment. Plutôt que de la rejeter, utilisez les forces excédentaires pour créer un puissant bouclier qui vous protégera des esprits malins. Lorsque l'énergie quitte le bout de vos doigts, imaginez qu'elle s'écoule sur votre corps physique et forme une bulle de protection. Lorsque vous regardez l'extérieur de votre bulle, vous remarquez qu'elle est réfléchissante et imperméable.

Ce bouclier sera votre ultime lieu de sécurité où seuls les esprits de haut niveau seront admis.

- Cristaux

Les cristaux de protection sont un excellent moyen d'utiliser un système de protection portable. Les cristaux noirs sont impressionnants lorsqu'ils sont utilisés pour former un bouclier, mais beaucoup d'autres ont des propriétés de protection étonnantes. Les émeraudes, le lapis-lazuli, le quartz clair et les cristaux d'œil-de-tigre sont tous facilement disponibles et constituent des formes puissantes de déviation des énergies indésirables.

- Invoquer les esprits protecteurs

Jésus et ses archanges sont là pour vous. Cela n'a rien à voir avec votre religion ou vos croyances. Nous parlerons des archanges dans un autre chapitre, mais Jésus t'enverra toujours la lumière de la protection quand tu en auras besoin. Souviens-toi que tu n'as qu'à demander.

- Bijoux **en miroir**

Tout comme vous voyez les qualités protectrices de la surface réfléchissante qui recouvre votre champ d'énergie, vous pouvez utiliser les miroirs pour détourner la négativité. Placez de petits miroirs à main autour de vous pour créer une surface de réfraction. Portez un pendentif en miroir autour de votre cou pour vous donner plus de force.

- Couper le cordon

Malgré les couches de protection dont vous vous entourez, il existe une faible possibilité que votre espace personnel soit pénétré. Vous devez savoir comment vous débarrasser des énergies avec lesquelles vous ne vous sentez pas à l'aise. Cela ne s'applique pas seulement à vos connexions spirituelles ; parfois, des relations physiques négatives interfèrent avec vos tentatives de croissance spirituelle.

Comment effectuer un rituel de coupure du cordon pour éliminer la négativité des relations physiques :

Décidez qui doit être retiré de votre champ aurique. Il peut s'agir de personnes de votre passé qui interfèrent encore avec vos pensées et vous causent de la détresse. Il peut également s'agir de personnes qui se trouvent dans votre environnement actuel et qui doivent être éliminées. Dressez une liste de toutes les personnes qui peuvent être considérées comme des forces négatives. Incluez les anciens partenaires qui vous ont fait souffrir ou qui vous ont trompé. Incluez également les personnes qui ont abusé de vous ou vous ont malmené pendant vos années de formation, ainsi que les personnes qui ne vous traitent pas avec respect sur votre lieu de travail.

Invoquez maintenant les esprits et votre guide spirituel pour qu'ils vous aident à retirer les cordons éthériques qui vous lient à ces personnes. Nommez-les et déclarez votre intention de séparer vos énergies des leurs. Énoncez ce qui suit avec puissance et intention ou créez votre propre version pour faire appel aux esprits :

"J'oblige ma famille spirituelle aimante et tous les anges et guides qui l'accompagnent à s'avancer et à m'aider à couper les cordes éthériques qui me lient à (insérer le/les nom(s).) Je leur pardonne et les bénis en leur donnant la capacité de vivre en paix, et je les libère pour qu'ils s'en aillent comme je le ferai aussi."

"Je vous demande de rompre tous les liens énergétiques et de transmuter les débris en un lieu cosmique ou de les rendre à la personne qui les a créés. Je n'ai aucune rancune à l'égard de (nom(s) encadré(s)), et je leur souhaite une paix spirituelle et un découplage conscient."

Une fois le rituel terminé, vous devriez passer quelques minutes à sentir les pouvoirs commencer à agir. Certaines personnes constateront immédiatement un changement dans leur niveau d'énergie, tandis que d'autres mettront plus de temps à le faire. Si vous effectuez le rituel juste avant de vous endormir, il se peut que vous fassiez des rêves significatifs et vivants à propos des personnes dont vous avez coupé le cordon. Ce sera la dernière fois que ces énergies feront partie de votre vie, alors n'oubliez pas de remercier vos anges et vos esprits pour leur intervention le lendemain matin.

Comment nettoyer votre espace et le rendre sacré :

Nous avons tous besoin de savoir qu'il existe un endroit où nous nous sentons en sécurité et protégés. Il peut s'agir d'une chambre, d'un endroit dans le jardin ou d'un simple meuble. C'est dans ce havre que vous pouvez aller parler à vos esprits et leur poser des questions. Vous savez que lorsque vous utilisez votre espace sacré, vous envoyez à l'univers le signal que vous êtes engagé et prêt à communiquer.

Votre espace sacré doit être une oasis dans un monde chaotique. N'oubliez pas de vous munir d'une couverture au cas où vous auriez froid et de boissons au cas où vous auriez soif. Vous ne savez jamais combien de temps vous resterez là, car les esprits ne sont pas gouvernés par notre emploi du temps et ils peuvent avoir beaucoup de choses à dire !

Créez un espace qui contient des éléments de la Terre. Cela signifie représenter les éléments de base que sont l'air, le feu, l'eau et la terre. Faites preuve d'imagination et décorez votre espace avec des objets qui sont esthétiquement agréables et qui vous apportent de la joie.

L'air est généralement représenté par des plumes, des carillons éoliens ou un ventilateur. Placez vos objets à l'est et utilisez le triangle renversé traversé par une ligne horizontale pour renforcer le lien.

Les bougies et autres formes de lumière représentent le feu. Vous pouvez également utiliser des lampes solaires pour la sécurité ou de l'encens pour créer un lien avec cet élément particulier. Un triangle droit est un symbole représentatif du feu. Placez vos symboles dans la partie sud de votre espace.

L'eau est l'élément avec lequel vous pouvez vous amuser. Des coquillages, de l'eau de mer ou un bol d'eau sacrée et bénite représenteront l'aspect que l'eau apporte à la vie. Placez vos objets dans la partie ouest de votre espace.

La terre est l'élément qui nous soutient et crée un rocher pour nous. Représentez-le en utilisant des plantes ou des pierres pour décorer et protéger votre espace. Placez vos objets dans la partie nord de votre espace.

Procédez à un nettoyage spirituel en purifiant votre espace. Les herbes séchées, la sauge et le romarin sont parfaits pour brûler et répandre une fumée purificatrice dans votre espace.

La clé de la création de votre espace sacré est d'éviter de trop compliquer les choses. Restez simple et adapté à vos besoins. Votre espace sacré vous appartient. Ne laissez pas les autres le polluer avec leurs énergies et leur négativité.

CHAPITRE 4 : POURQUOI AVONS-NOUS BESOIN DE GUIDES SPIRITUELS ?

Considérez votre vie : de la naissance à l'âge adulte, en passant par l'enfance, personne n'a un chemin clair et sans obstacles. Tout le monde doit prendre des décisions et faire face à des expériences traumatisantes. Bien sûr, les personnes qui nous entourent seront là pour nous, mais une force supérieure est nécessaire pour nous aider et nous soutenir. Certaines personnes croient qu'elles se sont réincarnées plusieurs fois et que cela les aide à grandir spirituellement, tandis que d'autres pensent que nous ne sommes là qu'une seule fois et qu'il faut profiter au maximum de notre passage sur Terre.

Quelles que soient vos croyances, vous recevrez une aide du monde spirituel, que vous le vouliez ou non. Cette aide ne deviendra plus puissante que lorsque vous l'alimenterez avec vos intentions et que vous vous efforcerez d'entrer en contact avec ceux qui forment votre groupe spirituel. Savoir quand le faire peut être controversé, et certaines personnes tenteront d'entrer en contact pour de mauvaises raisons.

Plusieurs raisons peuvent vous pousser à entrer en contact avec le monde spirituel. Vous pouvez le faire par l'intermédiaire d'un médium ou en prenant vous-même l'initiative du contact. Quelle que soit la méthode choisie, si vous le faites pour la bonne raison, le résultat sera gratifiant et fructueux.

Les bonnes raisons d'entrer en contact avec le monde des esprits

- Vous avez perdu un être cher et vous ressentez le besoin d'entrer en contact avec lui. Vous avez peut-être des affaires à régler ou l'être cher a exprimé le désir d'entrer en contact avec vous après sa mort. Bien qu'il s'agisse probablement de la raison la plus courante pour contacter les esprits, cela ne veut pas dire que c'est toujours une bonne idée. N'essayez pas de régler vos comptes avec les personnes décédées. N'établissez des contacts que si vous êtes déterminé à vivre des expériences positives. Le monde des esprits n'est pas l'endroit où l'on peut apporter des rancunes et des disputes qui ne peuvent être résolues.

- Vous avez toujours eu l'impression d'être en contact avec le monde spirituel. Les personnes nées avec des tendances médiumniques savent dès leur plus jeune âge qu'elles ont un don. Leurs rêves sont remplis de messages clairs provenant du monde astral et elles rencontrent également des esprits pendant leurs heures d'éveil. Le fait d'apercevoir une personne décédée est un signe clair que vous avez la capacité de combler le fossé entre le monde des vivants et le royaume des esprits.

- Si vous avez vu des choses qui sortent de l'ordinaire, c'est peut-être le signe que le monde des esprits cherche à entrer en contact avec vous. Des plumes surgissant de nulle part ou des papillons au cœur de l'hiver ne sont que quelques exemples de communications spirituelles. Au fond de votre cœur, vous saurez quand le moment sera venu ; après tout, les esprits ont un certain contrôle sur ce que votre instinct vous dit être juste.

- La société moderne et le monde dans lequel vous vivez deviennent trépidants et accablants. La recherche d'une vie plus paisible est une raison valable pour se connecter à votre groupe spirituel. Vous devriez créer un espace sacré où vous retirer pour oublier le rythme effréné dans lequel vous vivez et visiter un endroit rempli d'harmonie, de paix et d'amour. Certaines personnes se retirent dans la nature lorsque tout devient trop difficile à gérer ; vous vous retirerez dans la nature ultime au sein du royaume astral.

Les mauvaises raisons de rechercher une connexion avec le monde des esprits

Chaque fois qu'il y a de bonnes raisons de faire quelque chose, il y a aussi de mauvaises raisons. La connexion avec les esprits n'est pas différente. Depuis des décennies, les médias populaires sont obsédés par les médiums, les exorcistes, les esprits maléfiques, etc. Ils remplissent la tête du public d'informations erronées et leurs images peuvent inciter les gens à s'intéresser au surnaturel pour de mauvaises raisons.

Communiquer avec l'autre partie est une option qui s'offre à tous, mais certaines limites ne doivent pas être franchies. Il s'agit d'un sujet sérieux qui ne doit pas être abordé à la légère ou sur un coup de tête. Chaque connexion est un lien sacré et puissant qui doit être respecté. Les esprits ne sont pas là pour servir de jouet aux humains, ils sont là dans un but supérieur.

- Vous n'êtes pas préparé. Personne ne se réveille un matin en décidant spontanément qu'il est spirituel et qu'il veut se connecter à une force supérieure. Il y a une accumulation avant tout exemple d'intention véritable, et cela prend du temps. Vous ne devriez jamais commencer à communiquer sans une bonne préparation et une solide forme de protection.

- Elle est utilisée dans le cadre d'un divertissement lors d'une réunion sociale. Combien d'histoires de planches Ouija utilisées lors de soirées pyjama avez-vous entendues ? Cela s'est-il jamais bien passé ? Non, et cela ne se passera jamais bien. Organiser une séance de spiritisme lors d'une fête sociale n'est pas non plus une bonne idée. La communication spirituelle est basée sur les énergies, alors imaginez le maelström d'énergies que l'on peut trouver lors d'une réunion sociale où les gens boivent, rencontrent des étrangers ou cherchent à être effrayés par des esprits maléfiques. Vous n'avez aucun contrôle sur les intentions ou les émotions des autres, vous pouvez donc vous mettre en danger.

- On vous a mis au défi de participer. Lorsque quelqu'un vous pousse à bout, il peut être facile de prendre de mauvaises décisions, ce qui est parfois acceptable, mais pas dans cette situation. Ne laissez pas votre ego prendre le dessus ; éloignez-vous si vous ne vous sentez pas à l'aise et ne vous sentez jamais obligé de participer. Quittez les autres ou restez et discutez avec eux ; c'est à vous de choisir. Quelle que soit votre décision, vous n'êtes responsable que de votre sécurité personnelle, et c'est votre priorité.

- Cela a l'air cool à la télévision et dans les films. Si c'est la raison principale pour laquelle vous souhaitez entrer en contact avec le monde des esprits, cela ne fonctionnera probablement pas. Retournez regarder des films et des émissions sur les esprits et ne vous en occupez pas. Si vous avez été réellement inspiré par quelque chose à l'écran, vous ferez des recherches et prendrez le sujet au sérieux.

Maintenant que nous avons établi les raisons de votre choix de vous connecter ou non, il est temps d'examiner les choses à faire et à ne pas faire. Si vous êtes dans un bon état d'esprit et préparé mentalement et physiquement à la connexion, suivez cette liste de choses à faire avant de commencer :

- Protégez-vous. Une forme élémentaire de protection consiste à inviter votre équipe spirituelle à se joindre à vous. Vous ne les avez peut-être pas encore rencontrés, mais ils sont là.

- Habillez-vous de manière appropriée. Veillez à ce que vos vêtements soient légers et frais afin qu'ils ne vous distraient pas. Vous devez vous concentrer sur votre état d'esprit, et le fait de tripoter des bretelles ou des manches ne fera que dévier vos pensées et diminuer votre intention. Une paire de vêtements de loisir confortables surmontée d'un tee-shirt en coton est parfaite.

- Préparez la rencontre à l'avance. Écrivez une lettre à votre guide spirituel. Indiquez ce que vous espérez obtenir et à quel point vous êtes impatient de le rencontrer. Cette méthode de communication vous permettra d'être plus précis sur ce que vous attendez de la rencontre.

- Demandez quel est le nom de l'esprit. Lorsque vous communiquez avec eux, il s'agit d'une conversation à double sens. Les gens font souvent l'erreur de croire que les esprits sont là pour leur dire quoi faire, comment le faire et pourquoi. Vous devez vous attendre à une discussion franche et complète, comme vous le feriez dans vos relations physiques. Ce n'est pas parce qu'ils sont des esprits qu'ils sont supérieurs à vous. Traitez-les comme vos contemporains et faites-leur part de vos idées.

- Utilisez les bons outils pour renforcer vos liens. Les outils tels que les cartes de tarot, les pendules et les instruments d'écriture automatique ne fonctionnent pas pour tout le monde, mais vous ne le saurez jamais si vous n'essayez pas. Les outils vous aident à cibler vos intentions.

Et maintenant, les choses à ne pas faire ! Vous devez noter ces points parce qu'il y a des esprits de bas niveau que vous ne voulez pas rencontrer, donc vos intentions doivent être correctes et pures :

- N'utilisez pas des outils qui vous attirent simplement parce que vous les avez vus à la télévision ou dans un film. Les planches Ouija ou spirites ne sont pas idéales pour les débutants, car leur utilisation peut être dangereuse. L'utilisation d'outils sains plus traditionnels vous permettra de rester en sécurité, tandis qu'une planche Ouija pourrait permettre à la négativité et aux mauvaises énergies d'infecter votre espace.

- N'attendez pas de votre rencontre qu'elle se déroule dans une ambiance de fête. Vous pouvez avoir de la chance et voir votre guide spirituel sous une forme physique, ou vous pouvez simplement recevoir une essence de votre esprit. Il peut s'agir d'une odeur ou d'une sensation subtile qui indique qu'il est avec vous. Comme pour toutes les choses qui valent la peine d'être faites, vous vous améliorerez avec la pratique. Ne soyez pas désillusionné ou découragé si votre esprit n'est pas aussi accessible que vous le souhaiteriez. Rappelez-vous qu'ils ont besoin d'utiliser leurs énergies pour communiquer et que vous devez être patient dans ce processus.

- Ne poursuivez pas une rencontre spirituelle si vous avez l'impression que quelque chose ne va pas. Écoutez votre intuition et soyez prêt à vous retirer. Il n'y a pas de limite au nombre de fois où vous pouvez atteindre le plan astral, il n'y a donc pas de mal à se retirer si vous vous sentez dépassé.

- Ne forcez pas les choses. Il s'agit d'une forme de communication fluide et vous devez être prêt à suivre le courant. Vous pouvez avoir certaines intentions, mais les messages que vous recevez sont consacrés à d'autres domaines de votre vie. Ne pensez pas que les guides ignorent délibérément vos préoccupations initiales ; ils reconnaissent probablement que d'autres domaines de votre vie requièrent une attention plus immédiate avant que vous puissiez passer à autre chose.

- Ne venez pas avec des idées préconçues. Si vous commencez votre voyage spirituel avec une idée prédéterminée de ce qui va se passer et de la façon dont votre vie va s'améliorer du jour au lendemain, vous risquez d'être déçu. Les esprits vous soutiennent, mais ils ne sont pas la voie vers la richesse matérielle ou le succès, à moins que vous ne le méritiez. Demander à un esprit de vous donner les numéros de loterie de la semaine prochaine, c'est lui manquer de respect et se moquer de son monde.

- Ne soyez pas conflictuel avec vos guides spirituels. Cela peut avoir l'air cool à la télévision et être divertissant à regarder, mais en réalité, cela ne fait qu'attirer les ennuis. Oui, vous pouvez poser des questions, mais ridiculiser ou taquiner un esprit ne finira jamais bien. Encore une fois, vous devez traiter votre équipe avec amour et respect.

Maintenant que vous avez une meilleure compréhension de ce que vous pouvez attendre des rencontres spirituelles, vous êtes dans un état d'esprit idéal pour décider de la marche à suivre. Devriez-vous commencer à communier avec les esprits vous-même, ou devriez-vous d'abord consulter des professionnels ?

Si vous choisissez de faire appel à un médium, assurez-vous qu'il a une bonne réputation et que ses références sont vérifiables. Vous souhaitez recevoir des messages sur votre avenir et sur la direction à prendre ? Dans ce cas, vous devriez choisir un médium plutôt qu'un voyant.

Le prix doit également être pris en considération. La plupart des médiums sont plus intéressés par leur sujet que par les aspects financiers, mais ils doivent gagner leur vie. Choisissez un médium qui propose un tarif horaire équitable en fonction de son expérience. Un tarif horaire de 50 à 60 dollars est à peu près correct pour les médiums expérimentés ayant de bons antécédents.

CHAPITRE 5 : LES SIGNES SPIRITUELS ET LEUR INTERPRÉTATION

Avez-vous déjà remarqué que des éléments aléatoires apparaissent dans votre vie et vous font du bien ? Vous ne pouvez pas expliquer pourquoi vous vous sentez mieux, c'est tout simplement le cas. Il y a de fortes chances que vos guides spirituels communiquent avec vous parce qu'ils sentent que vous avez besoin d'eux.

Voici quelques-unes des façons les plus courantes dont les esprits communiquent avec nous et ce qu'ils disent :

Plumes

Vous êtes-vous déjà demandé pourquoi les peuples autochtones portent des plumes de couleurs vives dans leurs vêtements traditionnels ? Pourquoi peignent-ils des images de plumes sur leurs murs et les intègrent-ils dans leurs rituels indigènes ? De nombreuses cultures pensent que les plumes sont un moyen important pour les esprits de communiquer avec nous et qu'elles semblent porter un message important de l'univers.

Trouver une plume est un moment magique, et elles représentent la liberté et la capacité de s'élever au-dessus du monde physique. Lorsque vous recevez une plume comme un signe, cela peut signifier beaucoup de choses différentes. Avez-vous inconsciemment demandé de l'aide ou la plume vous est-elle apparue soudainement ? Comment savoir s'il s'agit d'un signe ou d'un simple objet qu'un oiseau a perdu ?

Il y a de fortes chances que la plume apparaisse à un endroit inhabituel et directement devant vous. Ces types de signes apparaissent souvent à l'entrée de votre maison ou sur un vêtement. Vous saurez qu'un signe magique a été envoyé grâce aux sentiments qu'il suscite.

Que signifient les couleurs des plumes ?

Blanc

Quelqu'un veille sur vous. Votre ange gardien vous enverra souvent une plume blanche pour vous faire savoir qu'il vous soutient. Le blanc signifie une forme de protection venant d'en haut et vous apportera joie et amour. Les plumes blanches sont également liées à l'énergie lunaire qui insuffle un sentiment de pureté et de paix.

Rouge

C'est la couleur du chakra de la racine et elle signifie la passion et l'énergie. Les esprits vous donnent le courage et la vitalité nécessaires pour traverser les périodes difficiles. Les plumes rouges apparaissent pour vous montrer que la bonne fortune est dans votre avenir. Le rouge étant également la couleur de l'amour, les esprits te disent que ta relation se passera bien, à condition que tu y mettes de l'énergie et de la passion.

Bleu

Cette couleur est représentative du chakra de la gorge. Les esprits te disent de dire ta vérité et de te faire entendre. Ils t'envoient un signe pour que tu sois plus reconnaissant et moins négatif envers toi-même.

Jaune

C'est la couleur représentative du chakra du plexus solaire. Les plumes jaunes sont un signe de sagesse et de connexion aux énergies solaires, et les esprits vous bénissent avec la sagesse et la joie tout en vous rappelant que vous pouvez être un peu trop sérieux. Embrassez votre côté ludique et soyez plus joyeux. Vous pouvez parfois être absorbé par des questions profondes et oublier de lâcher prise et de profiter de la vie.

Vert

C'est la couleur du chakra du cœur. En tant que telle, elle représente l'amour, les émotions et les relations. Elle signifie une période de fertilité et de naissance. Le vert indique également que les bienfaits curatifs de la nature veillent sur vous et que vous devriez vous rapprocher des organismes vivants et de la flore.

Orange

C'est la couleur du chakra sacré, et elle représente la création et l'énergie. Les esprits indiquent vos énergies sexuelles, et votre attirance sera bientôt plus forte. Vous êtes sur le point de rencontrer un amour et une énergie physiques puissants.

Assurez-vous de saisir toute chance de vous connecter avec une force complémentaire positive de la nature.

Rose

Cette plume colorée est envoyée pour te rappeler que les esprits sont toujours là pour toi. Ils ont un amour et une amitié inconditionnels sur lesquels tu peux compter, quoi qu'il arrive. L'univers vous envoie un signe que vous êtes béni par son amour et son soutien.

Gris

C'est la couleur de la foi. Les esprits vous disent de croire en vous et de savoir que même les problèmes les plus difficiles seront résolus à temps. Une paire de plumes grises signifie qu'ils reconnaissent les traumatismes que vous subissez actuellement et qu'ils travaillent à la solution. Accrochez-vous et soyez assuré que des temps meilleurs vous attendent.

Pourpre

C'est la couleur du chakra de la couronne, qui forme votre conscience centrale. Une plume violette est envoyée pour vous rappeler à quel point vous êtes connecté à votre moi spirituel. Cela signifie également que vous êtes prêt à améliorer vos connexions et à vous élever à un niveau supérieur.

Marron

La couleur de la terre. Une plume brune est un signe que vous devriez vous ancrer et améliorer votre sens du foyer. Il se peut que vous négligiez inconsciemment votre famille et que vous oubliiez d'entretenir vos amitiés. Une plume brune vous rappelle doucement de respecter vos racines et de leur accorder l'attention qu'elles méritent.

Noir

La couleur noire est souvent mal comprise lorsqu'il s'agit de significations spirituelles. Bien qu'il puisse s'agir d'un avertissement sérieux de la part des esprits, c'est aussi un signe de protection de la part de l'univers. Une plume noire brillante représente les esprits qui vous félicitent pour votre développement spirituel. Elle est envoyée pour vous féliciter de vos progrès et vous rappeler que votre quête de compréhension spirituelle est en bonne voie.

La prochaine fois que vous recevrez une plume, n'oubliez pas de la remercier. Arrêtez ce que vous faites et dites une prière ou un remerciement sincère à l'univers pour son message. Conservez vos plumes dans un endroit sacré, comme un autel, ou disposez-les de manière à ce qu'elles soient visibles. Elles sont faites pour être admirées et vous rappelleront que vos esprits sont toujours avec vous.

Autres signes significatifs que les esprits communiquent avec vous

1) Une brise apparaît soudainement.

Avez-vous déjà ressenti une bouffée d'air frais lors d'une journée calme ? Une douce caresse de l'air signifie que les esprits vous bénissent en vous rappelant tranquillement qu'ils sont là pour vous. Lorsque vous ressentez cette sensation, regardez autour de vous et vérifiez si quelque chose d'autre est affecté par la brise.

Les feuilles bougent-elles, ou n'est-ce que vous ? Ce type de contact est l'un des signes les plus réconfortants ; accueillez-le et laissez-vous porter.

2) Une musique qui a une signification particulière pour vous apparaît soudainement.

Nous avons tous des chansons spéciales qui nous rappellent certains moments et certaines émotions. Lorsque l'univers cherche à nous réconforter, il nous envoie une chanson qui nous rappelle des temps meilleurs. Les chansons qui se rapportent à votre situation sont un moyen courant pour les esprits de nous envoyer des messages.

3) Visiteurs de la nature

Les esprits sont particulièrement doués pour utiliser les forces naturelles afin de nous envoyer des messages sur Terre. Les papillons, les hirondelles, les aigles, les renards et les hiboux sont tous imprégnés de sens, tout comme une myriade d'autres animaux. Lorsque vous rencontrez une force naturelle dans un endroit inhabituel, vous recevez un message pour vous réconforter et vous apporter de la joie.

4) Vous renouez avec quelqu'un de votre passé

Les esprits aiment utiliser les liens du passé pour transmettre leurs messages. Si vous croisez quelqu'un ou recevez un appel d'une personne que vous n'avez pas vue depuis des années, n'oubliez pas de prendre note de la conversation. Elle aura sans doute des choses pertinentes à vous dire. Prenez-en note et agissez en fonction des informations reçues.

5) Vous avez l'impression que quelqu'un vous observe.

C'est un sentiment courant chez ceux qui manifestent activement leurs désirs. Les esprits aiment vous faire sentir physiquement leur présence en créant une sensation de protection. Lorsque vous établissez un lien avec l'univers, il aime vous rappeler qu'il veille sur vous.

6) Conseils provenant de sources aléatoires

Vous est-il déjà arrivé d'allumer la télévision ou la radio et d'être étonné par le sujet de l'émission ? Vous tombez par hasard sur une émission de conseils financiers lorsque vous avez des difficultés financières ou sur une publicité pour une aide financière. Les panneaux d'affichage, les sources médiatiques et d'autres sources aléatoires peuvent contenir des messages des esprits. Certains appellent cela une coïncidence, tandis que d'autres réalisent qu'il s'agit d'une providence venue d'en haut.

7) Des cadeaux inattendus provenant de sources fortuites

De bonnes choses vous sont-elles arrivées ces derniers temps ? Connaissez-vous une succession de jours où tout va bien pour vous ? Devinez quoi ? Les esprits vous disent que vous méritez ce qu'il y a de mieux. Se sentir chanceux et béni est un grand cadeau des esprits. N'oubliez pas de les remercier pour leurs interventions et de reconnaître les cadeaux qu'ils vous ont offerts.

8) Synchronisation des chiffres

La vie quotidienne est remplie de rencontres numériques. Vous payez vos factures, vous faites vos courses, vous vérifiez l'heure et la date, et chaque rencontre donne aux esprits l'occasion de communiquer. La numérologie est un moyen puissant d'interpréter ce que ces messages vous disent. Il est donc essentiel de comprendre la signification des nombres.

Le sens spirituel des nombres

1) Le chiffre 1 représente l'indépendance et la créativité. Ce chiffre indique que vous êtes plus un leader qu'un suiveur et que vous êtes un esprit libre. Lorsque le chiffre est répété, il signifie l'ouverture d'un portail spirituel qui vous permet de vous connecter à l'univers et de vous développer au maximum de votre potentiel avec son aide.

2) Le chiffre deux représente la présence de l'énergie masculine et féminine. Il signale l'harmonie et l'équilibre, et lorsqu'il est répété, il signifie que votre vie se trouve à un endroit harmonieux. Les esprits te disent que tes désirs et tes manifestations sont sur le point de se réaliser.

3) Le chiffre trois représente l'esprit, le corps et l'âme. Les esprits vous assurent que vous êtes prêt à grandir et à vous développer. Lorsque le chiffre est répété, il signale l'absence de conflit et vous donne le feu vert pour travailler sur votre spiritualité.

4) Le chiffre quatre est associé à la force intérieure et à la prospérité. Plusieurs quatre signifient que vous aurez du succès dans les affaires et dans la création de quelque chose de bénéfique pour les autres.

5) Le chiffre cinq est un symbole de liberté et de bonheur. Plusieurs cinq indiquent que le changement est imminent et que les esprits vous disent de vous préparer à une vague de positivité qui entrera dans votre vie.

6) Le chiffre six indique que vous devriez faire preuve de plus d'humilité. Les esprits aiment ta confiance en toi, mais ils te demandent de te calmer et d'être un

peu plus terre à terre. Les six répétés signifient qu'ils t'encouragent à écouter ta voix intérieure et à utiliser ton intelligence.

7) Le chiffre sept est lié à la santé spirituelle et à l'illumination. Les esprits utiliseront des exemples répétés de sept pour vous rappeler de travailler sur votre développement spirituel et votre conscience. Le triple sept est un signe puissant de bonne fortune, de chance et même de miracles.

8) Le chiffre huit représente la partie solide et fiable de votre personnalité. Les huit répétés indiquent que votre énergie universelle sera mieux utilisée pour améliorer des questions pratiques, comme vos finances. Le triple huit représente un flux naturel de richesse et de prospérité.

9) Le chiffre neuf signifie l'achèvement. Lorsque vous voyez ce chiffre ou des multiples de neuf, c'est le signe que quelque chose doit s'arrêter. Vous devez abandonner un domaine de votre vie pour que d'autres puissent se développer. Le double de neuf est un signal de l'univers qui vous invite à réfléchir à la manière dont vous pouvez rendre service aux autres. Tout multiple de neuf indique la fermeture d'un chapitre et la nécessité de faire preuve de compassion.

CHAPITRE 6 : LES ARCHANGES

Qui sont les archanges ?

À ne pas confondre avec les anges gardiens, ces corps célestes sont un lien direct avec les puissances célestes. Si vous êtes chrétien, il s'agit de l'entité que vous connaissez sous le nom de Dieu, et si vous appartenez à d'autres groupes religieux, ils sont reliés à l'esprit ou à la divinité la plus élevée de votre système de croyance.

Malgré leur statut élevé, il n'est pas difficile de les invoquer. Ils sont là pour vous aider et accueilleront volontiers vos communications. Vous pouvez leur demander d'intervenir dans votre vie en les priant et en demandant mentalement leur aide. Vous pouvez converser avec eux verbalement ou leur écrire une lettre pour leur faire part de vos intentions. Préparez-vous à ce qu'une force importante entre dans votre vie lorsque vous invoquez les Archanges.

Comme les autres guides spirituels, chacun des Archanges a un but spécifique et un domaine dans lequel il se spécialise. Cela ne signifie pas que vous ne pouvez pas les contacter sur des sujets plus généraux, mais comprendre leurs points forts vous donnera une meilleure chance de trouver les réponses dont vous avez besoin. Ils peuvent vous aider grâce à leur sagesse, et ils se battront dans votre coin chaque fois que vous en aurez besoin.

Dans la Bible, les archanges sont crédités d'immenses pouvoirs et sont chargés de gouverner les anges inférieurs. Si vous avez besoin d'une centrale du monde spirituel, faites appel à ces membres influents du monde astral.

Que représentent les différents archanges ?

La première chose à comprendre est que la plupart des représentations des Archanges les décrivent comme étant d'un certain sexe. En réalité, ils adoptent le genre qui convient à la situation.

Archange Gabriel

Le nom Gabriel signifie Dieu est ma force, ce qui donne une idée de la puissance de cet archange. Il est le messager suprême et vous aidera si vous avez des difficultés à communiquer clairement avec votre équipe spirituelle. Faites appel à lui pour interpréter plus clairement les messages d'en haut et soyez béni par sa puissance et son amour.

Archange Michael

Cet ange guerrier est souvent représenté portant une épée et un bouclier. Il est le protecteur ultime et se battra pour vous lorsque vous subissez des attaques psychiques. Si vous avez des dragons à tuer, vous voulez Michael dans votre coin. C'est l'ange le plus puissant du royaume céleste et, le jour du jugement, il lui incombera de peser toutes les âmes humaines sur la balance de la justice.

Archange Raphaël

Son nom signifie " celui qui guérit ", c'est pourquoi il faut se tourner vers Raphaël en cas de maladie ou de mauvaise santé. Il s'occupe de tous les types de maladies et de souffrances, qu'elles soient physiques, émotionnelles ou mentales. Il est rempli de compassion et de réconfort et vous viendra en aide si vous avez besoin de réconfort et de soins.

Archange Ariel

La Lionne de Dieu. Laissez cette force puissante entrer dans votre vie lorsque vous êtes affecté par des questions environnementales. Ariel est une championne de la nature et vous aidera à faire face à vos inquiétudes concernant les questions écologiques et les animaux blessés. C'est la guerrière écologique par excellence, et son pouvoir vous apportera la force de faire campagne pour un monde meilleur.

Archange Haniel

Son nom signifie la joie de Dieu. Invoquez-la lorsque vous avez besoin d'aide pour vous connecter à votre moi supérieur. Elle est responsable de la protection de ton âme, alors invoque ses pouvoirs si tu te sens intérieurement meurtri et que tu as besoin de guérir. Elle t'aidera à guérir et à surmonter les fluctuations émotionnelles destructrices et préjudiciables.

Archange Métatron

L'ange de vie Métatron est responsable de l'arbre de vie. Il est notamment chargé d'enregistrer les bonnes actions des gens et d'aider les enfants à devenir adultes. Si vous souhaitez explorer vos dons psychiques et spirituels potentiels, contactez Métatron et demandez-lui de vous aider à développer vos compétences. Si vous devez prendre une décision importante, demandez à Métatron de vous conseiller.

Archange Jophiel

Elle est connue comme la beauté de Dieu et est particulièrement associée à la créativité et aux talents artistiques. Elle a une vibration puissante et apportera le calme à ceux qui sont dans la tourmente. Utilisez-la pour apporter de la joie dans votre vie lorsque vous vous sentez négatif ou triste.

Archange Muriel

Son nom signifie le parfum de Dieu. Elle apporte compassion et amour à ceux qui en ont besoin. Muriel aidera tous ceux qui ont besoin d'elle et, une fois que vous aurez établi le contact, vous aurez l'impression de vous être fait un nouvel ami. Faites appel à elle lorsque vous avez besoin d'un soutien émotionnel.

Archange Uriel

L'ange de la sagesse. Il sera votre guide dans les moments sombres. Sa sagesse et sa perspicacité vous aideront à développer vos perceptions et à résoudre vos problèmes. Il fait partie des séraphins illuminés, ce qui signifie qu'il a un lien direct avec le Créateur et qu'il peut t'aider à tisser des liens avec le monde spirituel.

Archange Azrael

L'ange de la mort. Utilisez-le comme conseiller spirituel dans les moments de deuil et de perte ; si votre colère et votre négativité ont atteint le point où vous vous sentez capable de faire du mal à quelqu'un, alors demandez à Azrael de vous guider. Il vous aidera à retrouver un bon équilibre dans votre vie et à vous débarrasser des émotions négatives que vous nourrissez.

Archange Zadkiel

L'ange du pardon et de la miséricorde. C'est une force puissante qui peut vous aider à vous débarrasser du passé et à renaître spirituellement. Il vous apportera la force de purifier votre âme et d'élever vos vibrations en vous pardonnant et en vous libérant pour devenir la personne que vous voulez être. Si vous êtes coincé dans une ornière et que vous voulez aller de l'avant, Zadkiel vous viendra en aide.

Archange Chamuel

L'ange des relations pacifiques. Faites appel à lui pour ramener le calme dans les situations relationnelles qui sont devenues incontrôlables. Les relations physiques sont importantes, mais il vous aidera aussi à gérer les liens spirituels.

Archange Jeremiel

Il s'agit d'un Archange unique. Il est l'un des sept premiers responsables de la supervision de l'humanité et de la satisfaction de ses besoins. Ce n'est pas un ange qui parle, il préfère communiquer par les rêves et d'autres méthodes non verbales. Il aime nous guider et nous enseigner, mais il transmet ses messages par le biais de symboles, de rêves et de visions. Son influence sur votre subconscient signifie qu'il est toujours avec vous lorsque vous avez besoin de lui.

Archange Raziel

Il est l'ange du secret et l'un des bras droits de Dieu. Il garde le mystère de l'univers et possède les connaissances les plus innées à son sujet. Son savoir ne s'acquiert pas facilement ; il pense que si l'on veut devenir plus spirituellement ancré, il faut y travailler. Sa nature calme et posée fait qu'il passe souvent inaperçu, mais soyez sûr qu'il veut que vous réussissiez et qu'il fera tout ce qui est en son pouvoir pour vous aider.

Archange Sandalphon

Il est le gardien de la nature et le lien direct avec les forces terrestres. Il se délecte de la musique et de la joie, ce qui en fait l'un des Archanges avec lesquels il est le plus facile de travailler. Il a une personnalité terre-à-terre qui le rend accessible et lui donne un chemin direct vers les cieux. En raison de son accessibilité, Sandalphon est l'Archange parfait pour les débutants. Il vous accueillera à bras ouverts et vous aidera à vous sentir à l'aise dans les royaumes supérieurs.

Archange Sachiel

Il s'agit d'un nom relativement peu connu dans les archives modernes des Archanges. Son nom est associé à la planète Jupiter qui est la plus grande planète du système solaire. C'est parce qu'il est l'ange de la croissance et du succès. Il peut vous aider en matière de réussite personnelle, de prospérité et de gains matériels. Ces domaines peuvent ne pas sembler angéliques, mais nous avons tous parfois besoin d'aide pour réussir. Faites appel à lui pour vous aider à élargir vos idées, à prendre des risques et à évoluer.

Archange Orion

Associé à l'étoile Orion, il est considéré comme le moins ostentatoire de tous les Archanges. Il n'a pas l'habitude d'interagir avec les humains et préfère garder ses messages non verbaux. Son objectif principal est de vous aider à vous libérer de vos inhibitions et à vous inspirer pour grandir et vous développer. Il apporte une vibration unique à votre vie et vous pouvez compter sur lui pour réaliser vos rêves.

Se connecter aux Archanges peut sembler être une étape spirituelle majeure. Certaines personnes devront faire preuve d'un immense courage pour s'adresser à ces êtres spirituels importants, tandis que d'autres y parviendront facilement. Rappelez-vous que votre appartenance religieuse n'a pas d'importance lorsqu'il s'agit des Archanges ; ils vous aideront quelles que soient vos croyances.

Ils ont le pouvoir d'accéder à vos pensées et vous pouvez leur faire confiance pour qu'elles restent privées. Vous n'avez pas besoin d'accomplir des rituels particuliers pour invoquer leur aide ; il vous suffit d'avoir l'esprit ouvert. Une fois que vous aurez ressenti les pouvoirs télépathiques que les anges vous enverront, ce sera le signe qu'ils reconnaissent vos besoins et qu'ils sont à pied d'œuvre.

Vous vous rendrez vite compte que certains Archanges travaillent mieux en tandem avec d'autres. Par exemple, Orion et Sachiel concentrent tous deux leurs pouvoirs sur le succès et la richesse matérielle. Faites-les entrer dans votre équipe spirituelle et vous sentirez la différence presque immédiatement. Vous aurez la confiance en vous et la force intérieure nécessaires pour réaliser vos rêves et devenir un être humain plus prospère grâce à leur aide.

Le Livre de la Vie nous dit que Sandalphon et Métatron sont frères, leur pouvoir est donc lié. Étudiez les caractéristiques et les pouvoirs de tous les archanges et vous bénéficierez encore plus de leurs interventions. Ne vous attendez pas à ce que le processus vous apporte immédiatement des visions et des messages, car votre technique s'améliorera avec la pratique. Comme pour toutes les communications spirituelles, la première étape consiste à autoriser le contact. Une fois que vous leur aurez ouvert votre esprit, ils vous répondront.

CHAPITRE 7 : LES ANIMAUX SPIRITUELS

Les esprits qui nous gardent prennent de nombreuses formes lorsqu'ils nous rendent visite. Ils savent intuitivement comment nous faire sentir calmes et protégés en prenant une forme naturelle, généralement un animal ou un oiseau. Ces formes spirituelles sont souvent regroupées sous le nom d'"animaux spirituels", mais certains esprits ont des significations différentes.

Vous devez déterminer la signification de ces symboles de la nature et le message qu'ils véhiculent. Ce message prendra tout son sens lorsqu'il sera appliqué aux événements présents, passés ou futurs et aux émotions qu'ils déclenchent. Vous devez comprendre que vous ne pouvez pas choisir votre animal spirituel ni le moment où il apparaîtra dans votre vie. Ces événements sont déjà préétablis et se produiront au moment opportun.

Vous avez peut-être l'impression d'être davantage associé à un lion puissant ou à un ours puissant, mais vous continuez à voir des papillons et des canards plutôt que les bêtes puissantes auxquelles vous pensez être connecté. Il suffit de croire au processus et de le laisser se dérouler naturellement. Les esprits vous attribueront le bon animal au bon moment. Ceux-ci changeront en fonction de l'évolution de ta situation et de ta maturité. Les phases spécifiques de ta vie seront représentées par les animaux qui correspondent à tes besoins.

En fonction de votre date de naissance, vous pouvez avoir des affinités avec certains animaux. Si vous êtes né sous le signe du Bélier ou du Capricorne, vous aurez des affinités avec les animaux caprins comme le bélier et la chèvre. Les moutons et autres races à sabots fendus vous intriguent. Les animaux aquatiques attirent les personnes nées sous le signe de l'eau, tandis que les lions et autres grands félins séduisent les personnes nées sous le signe du Lion.

Mais qu'en est-il si votre signe du zodiaque n'a pas de liens avec le monde animal comme les Gémeaux ou la Vierge ? Ces signes sont plus susceptibles de trouver une connexion avec des animaux mythiques fantastiques comme le phénix ou le Bigfoot. Il n'y a pas de règles strictes concernant les animaux spirituels, et vous obtiendrez votre connexion en fonction de votre personnalité, de vos besoins spirituels et des caractéristiques que l'animal peut apporter à votre monde.

Il n'y a là aucun snobisme spirituel. Le plus petit insecte est tout aussi puissant que la puissante girafe. N'oubliez pas que nous faisons tous partie de la grande tapisserie que l'on appelle la vie et que nous avons tous un rôle important à jouer. Si vous êtes attiré par les lucioles, faites-le !

Animaux spirituels, totems et animaux de pouvoir

Animaux spirituels

Voyez-vous des exemples répétés d'animaux particuliers où que vous regardiez ? Vous arrive-t-il de voir des documentaires à leur sujet, puis une œuvre d'art à leur effigie ? Font-ils partie d'une publicité qui semble apparaître à la télévision entre chaque émission que vous regardez ? Il s'agit probablement de votre animal spirituel.

En fait, ces formes spirituelles sont une représentation des pouvoirs et des compétences que tu possèdes actuellement. Elles sont envoyées pour te rappeler ton pouvoir de grandir, de t'étendre et de t'améliorer en apprenant. Elles représentent également des messages concernant différentes personnes ou situations avec lesquelles vous êtes actuellement impliqué.

Par exemple, un animal lent comme une tortue ou un paresseux vous sera envoyé pour vous dire de ralentir et de reconsidérer les décisions sérieuses que vous avez prises récemment. Un oiseau spirituel vous rendra visite si les esprits pensent qu'il est temps pour vous de déployer vos ailes. La façon dont vous interprétez vos animaux spirituels dépend de vous, mais il est utile d'avoir une connaissance générale de ce qu'ils représentent.

Animaux totems

Vous avez une collection d'objets liés à un animal particulier ? Vous savez que vous en avez trop, mais vous vous sentez obligé d'acheter tout ce qui vous tombe sous la main ? C'est votre animal totem qui parle à votre âme. Dans la culture amérindienne, la tradition voulait que votre animal totem reste avec vous et votre famille toute votre vie. Lorsque vous évoluez spirituellement, votre connaissance de votre animal totem évolue également.

Animaux de pouvoir

Si vous n'avez jamais entendu le terme "biomimétisme" ou "biomimétique", vous n'avez peut-être jamais fait l'expérience de la connexion avec les animaux de pouvoir. Dans les cultures autochtones, les anciens enseignent aux enfants, dès leur plus jeune âge, à faire appel au règne animal pour les aider à apprendre à se développer. Les chasseurs potentiels font appel au tigre ou à la panthère pour "devenir" comme eux lorsqu'ils chassent.

L'esprit de l'animal guidera les enfants dans la maîtrise de l'activité et leur apportera les connaissances dont ils ont besoin. Par exemple, un écureuil sera appelé à apporter un sens de l'amusement, tandis qu'un faucon aidera à obtenir une meilleure vue d'ensemble d'une situation.

Faire appel à son animal de pouvoir est un processus naturel. L'ADN relie tous les humains et les animaux, et nous avons tous le pouvoir d'exploiter les connaissances que nous recherchons. Appelez ou invoquez l'esprit de votre animal de pouvoir pour qu'il vous transmette son énergie et sa force chaque fois que vous en ressentez le besoin.

Les animaux avec lesquels vous communiquez proviennent d'un système écologique diversifié, il peut donc s'agir d'insectes, de mammifères, de poissons, d'amphibiens ou d'oiseaux. Le monde des esprits peut également décider de vous envoyer des représentations du monde des créatures fantastiques et mythologiques. Chaque forme de vie représente quelque chose, alors attendez-vous à voir des créatures plus diverses au fur et à mesure que votre moi spirituel grandit et s'harmonise avec les messages que vous recevez.

Voici quelques exemples de créatures et d'animaux qui apparaîtront en tant qu'animaux spirituels et qui peuvent être appelés en tant qu'animaux de pouvoir :

Amphibiens et reptiles

Ces créatures robustes sont étroitement liées à l'eau et vivent dans un monde partagé entre la terre et l'eau. En tant que telles, elles représentent les deux éléments que sont la terre et l'eau. Elles vous apparaîtront lorsque vous vous sentirez déconnecté de vos véritables sentiments. C'est un symbole qui vous indique qu'il est temps de lâcher prise et de libérer des sentiments refoulés.

Si vous avez un animal totem reptile ou amphibie dans votre vie, cela signifie que vous avez de l'amour et de la chaleur. Vous êtes farouchement indépendant et vous avez souvent des capacités psychiques.

En tant qu'animal de pouvoir, faites appel aux reptiles et aux amphibiens pour votre développement personnel et pour vous aider à développer vos sens spirituels. Ils vous aideront lorsque vous aurez besoin d'augmenter votre niveau d'énergie et d'amplifier votre voix spirituelle.

L'un des esprits amphibiens les plus populaires et les plus courants est la grenouille. Si vous voyez des images et des représentations de grenouilles, cela peut signifier beaucoup de choses. Cela signifie souvent que vous êtes influencé par l'apparence physique et que vous passez à côté de l'amour à cause de cela. Les grenouilles nous disent de prendre le temps de connaître les gens et de découvrir leur beauté intérieure.

L'apparition d'une grenouille est également un signe de prospérité et d'abondance pour vous et votre famille. Ton esprit de grenouille te dit de prendre soin de toi et de désintoxiquer ta vie. C'est aussi un symbole de fertilité et de renaissance.

D'autres animaux courants de cette catégorie sont les serpents, les dragons, les crocodiles et les salamandres. Ils représentent la liberté et la libération, suivies de la transformation et de l'adaptation.

Symbolisme et signification des oiseaux

Êtes-vous prêt à déployer vos ailes et à voler ? Le symbolisme des oiseaux est un signal clair en ce sens. Cependant, il y a beaucoup plus à apprendre des esprits des oiseaux. Comment votre oiseau spirituel particulier vit-il dans son environnement naturel ? S'agit-il d'oiseaux solitaires ou ont-ils tendance à se regrouper en volées ? Ont-ils un cri fort et rauque ou leur chant parle-t-il à l'âme ?

De nombreuses cultures croient que les oiseaux sont le lien naturel avec les êtres supérieurs, et lorsqu'ils nous rendent visite, c'est un événement vraiment magique. Ils sont les signes avant-coureurs du printemps, et lorsqu'ils viennent à vous en tant que compagnons d'aide, c'est un signe de transition. Il se peut que vous soyez bloqué dans votre routine et que vous ayez besoin d'un coup de pouce pour aller de l'avant. Les oiseaux vous aident à élever votre conscience et à vous élever. Parce qu'ils existent dans un monde qui se situe entre la terre et l'air, ils représentent les deux éléments.

Autres significations courantes des oiseaux spirituels

- Les oiseaux bleus sont synonymes d'amour et de chance.

- Les oiseaux bruns signifient que vous devez faire vérifier votre état de santé ou que vous êtes sur la voie de la guérison.

- Les oiseaux blancs représentent la positivité et le temps du changement.

- Les pics signifient que vous êtes prêt pour le changement et ils enseignent également l'art de la non-conformité.

- Les cygnes sont un symbole de pureté et d'innocence et sont souvent envoyés aux personnes qui ont des difficultés dans leurs relations amoureuses.

- Les perroquets représentent votre voix, tant dans le monde physique que dans le monde spirituel, et vous sont envoyés pour vous encourager à utiliser vos paroles avec sagesse.

- Les hiboux vous sont envoyés quand il est temps de se taire ; ils symbolisent le fait d'affronter ses ombres et de vaincre ses démons.

- Une oie apparaîtra dans vos rêves lorsque vous aurez besoin de protection et de défense.

- Les corbeaux sont les oiseaux spirituels les plus puissants et sont envoyés pour vous guider dans la prochaine étape de transmutation de votre voyage spirituel.

Symbolisme et signification des poissons

Les poissons vivent dans l'eau et sont soumis à des courants violents et à d'autres éléments puissants. Ils symbolisent les émotions subconscientes et les périodes de conflit qui peuvent affecter la vie humaine. Lorsque vous rencontrez un poisson ou un crustacé comme animal spirituel, cela signifie qu'il est temps de renaître et d'examiner plus profondément vos liens émotionnels.

Comme pour les autres catégories, il existe une myriade d'espèces dans le monde des poissons, et chacune d'entre elles a une signification spécifique. Vous pouvez apprendre d'eux de nombreuses façons, comme leur mode d'existence dans la nature. Sont-ils des chasseurs ou des proies ? Nagent-ils seuls ou en bancs ?

Voici les membres les plus courants de la famille des poissons et leurs significations spirituelles :

- Les hippocampes sont la seule espèce dont les membres mâles peuvent tomber enceintes. Ils représentent une force masculine puissante, ce qui peut signifier que vous devez assumer votre rôle de père ou vous tourner vers votre père pour obtenir de l'aide.

- Le saumon est connu pour nager à contre-courant, il vous dit donc de persévérer dans les moments difficiles et de continuer à avancer malgré les obstacles.

- Les crabes symbolisent le changement et la prise d'une nouvelle direction.

- Les poissons-anges sont l'incarnation colorée et magnifique d'une connexion authentique avec la force divine.

- Les barracudas sont envoyés lorsque vous avez besoin de force et d'une échappatoire rapide.

- Les requins représentent le courage de prendre un nouveau chemin et de laisser ses peurs derrière soi.

Symbolisme et signification des guides spirituels insectes

Les insectes constituent la classe d'animaux la plus diversifiée, car ils vivent partout. Ils volent, ils creusent et, surtout, ils pollinisent tout ce qui pousse. La plupart des gens les considèrent comme un élément gênant de l'écosystème, mais ils constituent en fait la colonne vertébrale du monde naturel.

Le symbolisme global des insectes représente certains de leurs traits communs. Nourriciers, productifs, tenaces et dotés d'un esprit communautaire font partie de leur composition naturelle.

Quelques-uns des insectes spirituels les plus courants et leur signification

- Les araignées sont l'un des éléments les plus créatifs de la nature. Elles représentent le pouvoir et la magie, ainsi que le fait d'être pris au piège dans une ornière spirituelle.

- Les guêpes sont les guerriers naturels du monde des insectes ; elles sont envoyées pour t'encourager à te battre pour ce que tu veux.

- Les scorpions sont le signe que votre vie est toxique et que vous devez vous éloigner des personnes négatives de votre entourage.

- Les coccinelles vous disent qu'il est temps de faire l'amour et vous enseignent comment attirer les choses que vous voulez.

- Les lucioles sont le phare lumineux de la nature et représentent votre temps de gloire ; elles vous montreront comment devenir meilleur dans les interactions sociales.

- Les abeilles produisent du miel. Lorsqu'elles apparaissent dans vos rêves ou sous forme de symboles, c'est qu'il est temps que la douceur fasse partie de votre vie.

Signes, symbolisme et significations des esprits de mammifères

Chaque jour, nous rencontrons des mammifères sous une forme ou une autre. Ils sont nos parents les plus proches sur Terre, il semble donc évident qu'ils seront la forme d'animal spirituel qui nous attire le plus. Les animaux spirituels et les symboles des mammifères sont fortement liés au cœur de Mère Nature. Ils vous aideront à accorder vos vibrations intérieures avec ses rythmes et ses cycles afin que vous puissiez vous souvenir des messages qui viennent de la nature.

Le symbolisme global des mammifères comprend un lien avec la terre, les rythmes naturels, l'ancrage physique et le besoin de cohérence.

Quelques-uns des mammifères spirituels les plus courants et leur signification :

- Les Yaks sont le symbole de la force brute et des muscles et sont envoyés pour vous aider lorsque la subtilité n'a pas fonctionné.

- Les loups sont des êtres énigmatiques qui vivent en meute mais qui peuvent aussi survivre en solitaire. Ils sont envoyés pour vous dire qu'il est temps de faire connaître votre position au sein de votre meute ou d'envisager de vous séparer et de devenir autosuffisant.

- Les belettes sont envoyées pour aider les personnes ayant une faible estime d'elles-mêmes à prendre confiance en elles.

- Les tigres vous aident à découvrir votre sens de l'aventure et à laisser libre cours à votre curiosité.

- Les léopards des neiges sont un symbole de paix et de tranquillité. Ils sont envoyés pour vous dire de prendre du recul et de sentir les roses.

- Les rennes symbolisent un changement de carrière et un changement physique. Ils vous disent qu'il est bon de déménager loin ou d'envisager votre profession actuelle.

- Les lapins sont un symbole qui indique qu'il faut regarder avant de sauter.

- Les opossums sont le signe qu'un danger se profile à l'horizon et qu'il faut prendre du recul pour le laisser passer.

- Les animaux spirituels de l'orang-outan représentent la sagesse et l'intelligence intense et féroce.

- Les lions symbolisent la force ultime et vous apporteront la capacité de garder votre famille en sécurité tout en libérant votre lionceau intérieur lorsque c'est nécessaire.

- Les marmottes sont la façon dont les esprits vous disent de respecter les cycles de la nature et de reprendre votre vie en main.

- Les renards trottent dans vos énergies spirituelles pour vous dire qu'il est temps de développer vos sens et vos capacités psychiques.

- Les dauphins représentent l'amour de soi et la communauté.

- Les chiens représentent l'amour inconditionnel et vous apprennent à moins juger.

- Les ours symbolisent le courage et la force.

- Les tamanoirs symbolisent le besoin de solitude et d'introspection.

Symbolisme des créatures mythiques et leur signification

Comment les créatures du monde fantastique et mythique peuvent-elles avoir la même force spirituelle que les animaux de l'écosystème ? Parfois, la nature n'est pas à la hauteur lorsque nous avons besoin d'être époustouflés et que nous devons nous réveiller et prendre conscience de la situation. Certaines des créatures fantastiques les plus populaires sont des amalgames d'animaux réels auxquels on a conféré des pouvoirs surnaturels. Par exemple, le dragon possède des propriétés liées au serpent et au lézard, mais il peut voler et cracher du feu. Le griffon est également une créature composée d'éléments de l'aigle et du lion, qui porte les messages de ces deux animaux.

Ces archétypes du monde mystique peuvent être utilisés pour sortir les perceptions de la réalité noire et blanche dans laquelle vous vivez et pour élargir votre sagesse culturelle.

Le symbolisme de certains des animaux fantastiques les plus connus et leur signification :

- La licorne vous donne l'occasion de voir le monde d'un œil nouveau.

- Les esprits de Phoenix vous rendront visite lorsque vous aurez besoin de guérir ; ils vous montreront que de grandes choses peuvent émerger des circonstances les plus tragiques.

- La sirène symbolise l'équilibre entre le cœur et l'esprit ; elle vous apprendra à adopter une attitude saine et à devenir une personne équilibrée.

- Les dragons vous disent qu'il est temps de raviver votre flamme et de travailler sur votre âme.

- Bigfoot ou n'importe lequel de ses alter ego nous rappellent qu'il faut s'opposer aux brimades et rester sur ses positions.

Ce guide vous aidera à comprendre les significations de base des guides spirituels sous forme d'animaux, mais il n'est en aucun cas exhaustif. Si vous constatez que des animaux spirituels vous contactent régulièrement, il vous sera utile d'étudier les anciennes croyances culturelles et les liens qu'elles entretiennent avec les animaux. Ce sujet est un aperçu fascinant de l'interprétation spirituelle et de la connexion avec les phénomènes naturels qui vous entourent.

CONCLUSION

Vous avez désormais le pouvoir de contacter vos guides spirituels et de solliciter leur aide ; ces pratiques feront bientôt partie de votre vie normale. Tout comme vous décrochez le téléphone pour demander à votre meilleur ami ce qu'il faut faire, vous demanderez bientôt conseil à vos guides. Chaque expérience est spéciale et doit être traitée comme telle. Alors, si vous êtes prêt à accueillir l'amour et la compassion dans votre vie, foncez !

J'espère que vous avez pris plaisir à lire ce livre et que vous l'avez trouvé à la fois instructif et utile. Bonne chance, soyez prudent et accueillez votre équipe spirituelle !